LE

GUIDE DU VOYAGEUR

ou

L'OBSERVATEUR

DU COMMERCE ET DES ARTS.

Contenant la situation géographique de l'Europe, son étendue et sa division, le nom des villes de France, leur commerce, leur population, leurs curiosités et leur distance de Paris, et une notice sur les peuples qui habitent toutes les parties du globe; augmenté des mœurs et coutumes des pays les plus éloignés; des époques remarquables; histoire et faits historiques; modèles d'actes civils et commerciaux; exemples d'arithmétique depuis l'addition jusqu'à la règle de trois ou de compagnie, etc., etc.

PAR HAUGUELLE.

LYON.
IMPRIMERIE DE BOURSY FILS,
Rue de la Poulaillerie, 19.
1846.

LA FRANCE.

Mon pays avant tout.

Les Gaulois furent les premiers habitants de la France.

Des peuples qui habitaient entre la mer d'Allemagne, le Mein et le Weser, ayant secoué le joug des Romains peu de temps après la mort de César Auguste, prirent le nom de *Francs*, c'est-à-dire d'hommes libres, vers le commencement du cinquième siècle. Ils subjugèrent les Gaulois et donnèrent leur nom à ce beau pays. Le fond du caractère des Français est aujourd'hui tel que César a peint les Gaulois : il est prompt à se résoudre, ardent à combattre, impétueux dans l'attaque, se rebutant aisément. Il est encore, dans ce siècle civilisé, le modèle de la politesse.

La France est divisée en 86 départements, 1,300 villes, 2,400 bourgs, 363 arrondissements, 2,729 cantons, et 37,187 communes. — Elle s'étend entre les 33e et 26e degrés du méridien de l'Ile-de-Fer, entre les 42e et 501e degrés de latitude septentrionale; longueur du N. au S.-E. de Dunkerque à Perpignan, 250 lieues; largeur de l'E. à l'O., de Strasbourg à Brest, 250 lieues; superficie, 512 kilom. carrés. La France est baignée au Nord par la Manche, à l'Ouest par l'Océan, et au midi par la Méditerranée.

Il n'est pas de pays qui soit si bien percé que la France. Toutes ses routes sont desservies par 1,346 relais de poste.

D'après les calculs les plus récents, il résulte que la France au 1er janvier 1836, renfermait 34 millions 743 individus, non compris les militaires sous les drapeaux; plus de 12 millions d'hectares de terres labourables; plus de 12 millions d'hectares en bois et forêts; 60 millions d'arbres à fruits; 4 millions 500 mille maisons; 1 million 500 mille chevaux; 6 millions 400 mille bœufs, vaches et veaux; 28 millions de bêtes à laine; 3 millions 600 mille porcs. Le total des propriétés est estimé au delà de 47 milliards.

Par un calcul commercial et manufacturier, il est prouvé qu'il se consomme actuellement, en France, 24 millions de kil. de coton, qui, par l'industrie des fileurs et des tisserands, sont transformés en 120 millions de mètres de tissus de toutes qualités.

PARIS (*Seine*) était une forêt qui commença à être habitée par une centaine de soldats qui s'y réfugièrent et y bâtirent une trentaine de cabanes, sous la conduite de Lucus, capitaine romain, 70 ans avant Jésus-Christ. — Notre-Dame a été commencée en 502 ; on a mis deux cents ans pour la bâtir et ce fut l'ouvrage de 26 rois. Le château de Vincennes a été construit en 1472. — Sainte Geneviève, en 509. — Les Tuileries, en 1564. — L'ancien Louvre fut commencé par François 1er, en 1528. Le Luxembourg, par Marie de Médicis, en 1616 — L'abbaye Saint-Germain, par Childebert, en 559. — Les Quatre-Nations, par le cardinal Mazarin, en 1659. — Le Pont-Neuf fut commencé en 1578, sous Henri III, et ne fut fini que sous Henri IV. — Le Pont-au-Change, en 1638. — Le Pont-Notre Dame, en 1507. — Le Pont-Marie, en 1638. — On a commencé paver Paris sous Philippe II, roi de France, en 1183. — Les bourgeois de Paris n'ont commencé à balayer le devant de leurs maisons qu'en 1666. — On n'a commencé à éclairer Paris par des lanternes qu'en 1735 : elles ont été remplacées par des réverbères en 1797 ; population : 1,200,000 habitants.

Paris a maintenant 10 lieues de tour, environ 2 lieues de longueur, une lieue et demie de largeur. On y compte 30,000 maisons, 1,107 rues, 121 culs-de-sac, 112 passages, 37 places, 31 carrefours, 10 promenades publiques, 36 barrières, 16 ponts, 32 quais, 10 halles, 28 marchés, 9 prisons, 14 casernes, 12 palais, 2 basiliques, 38 églises, 14 théâtres, 6,000 réverbères, 22,000 voitures, fiacres ou cabriolets, 4 temples, 5 collèges et 22 hôpitaux ; il y a en outre un hospice des aveugles, une célèbre institution pour les sourds et muets, 90 fontaines et 23 maisons de bienfaisance.

CONSOMMATION QUI SE FAIT A PARIS PENDANT UNE ANNÉE.

206 millions de livres de pain, 75 mille bœufs, 15 mille vaches, 103 mille veaux, 350 mille moutons, 40 mille cochons, 10 millions de livres de poissons de mer, frais, secs ou salés ; 100 mille carpes, 30 mille brochets, 57 mille anguilles. — On consomme à Paris 60 millions de livres de beurre frais, 6 millions de bottes de foin, 10 millions de bottes de paille. On boit à Paris, année commune, 250 muids de vin ordinaire, mille muids de vins de liqueurs, 8 mille muids d'eau-de-vie. On brûle à Paris 714 mille cordes de bois, 694 mille voies de charbon de bois.

Il y a à Paris 560 boulangers, 373 bouchers, 854 perruquiers, 1,000 charbonniers, 3,000 marchands de vin. Enfin, il y a à Paris 23 mille boutiques de tous les états, 2,280 logeurs, et 2,240 hôtels garnis.

VILLES DE FRANCE.

LEUR POPULATION ET LEUR DISTANCE DE PARIS

AUXERRE, ch.-l. du dép. de l'Yonne, à 42 l. de Paris. 11,575 habitants.
AVIGNON, ch.-l. du dép. de Vaucluse, à 180 l. de Paris. 31,786 habitants.
ALBI, ch.-l du dép. du Tarn, à 166 l. de Paris, 11,801 habitants.
AGEN, ch.-l. du dép. de Lot-et-Garonne, à 153 l de Paris. 13,599 habit.
ALENÇON, ch.-l. du dép. de l'Orne, à 48 l. de Paris. 13,935 habitants.
AMIENS, ch.-l. du dép. de la Somme, à 31 l. de Paris. 46,129 habitants.
ANGOULÊME, ch.-l du dép. de la Charente, à 119 l. de Paris. 16,910 h.
ARRAS, ch.-l. du dép. du Pas-de-Calais, à 45 l. de Paris. 23,485 hab.
AUCH, ch.-l. du dép. du Gers, à 170 l. de Paris. 10,461 habitants.
AURILLAC, ch.-l. du dép. du Cantal, à 139 l. de Paris. 10,880 habitants.
AJACCIO, ch.-l. du dép. de la Corse, à 286 l. de Paris. 9,003 habitants.
ANGERS, ch.-l. du dép. de Maine-et-Loire, à 74 l. de Paris. 35,901 h.
BAR-LE-DUC, ch -l. du dép. de la Meuse, à 64 l. de Paris. 12,388 habit.
BEAUVAIS, ch.-l. du dép. de l'Oise, à 17 l. de Paris. 13,082 habitants.
BESANÇON, ch.-l. du dép. du Doubs, à 94 l. de Paris. 29,718 habitants.
BLOIS, ch.-l. du dép. de Loir-et-Cher, à 44 l. de Paris. 13,628 habitants.
BORDEAUX, ch.-l. du dép. de la Gironde, à 156 l. de Paris. 98,705 h.
BOURG-EN-BRESSE, ch.-l. du dép. de l'Ain, à 113 l. de Paris. 9,528 hab.
BOURGES, ch.-l. du dép. du Cher, à 54 l. de Paris. 25,324 habitants.
BOURBON-VENDÉE, ch.-l. du dép. de la Vendée, à 106 l de Paris. 5,237 h.

CAEN, ch -l du dép. du Calvados, à 55 l. de Paris. 41,876 habitants.
CAHORS, ch.-l. du dép. du Lot, à 154 l. de Paris. 12,417 habitants.
CARCASSONNE, ch.-l. du dép. de l'Aude, à 191 l. de Paris. 18,907 hab.
CHALONS-SUR-MARNE, ch.-l. du dép. de la Marne, à 41 lieues de Paris. 12,932 habitants.
CHARTRES, ch.-l. du dép. d'Eure-et-Loir, à 22 l. de Paris. 14,750 h.
CHAUMONT-EN-BASSIGNY, ch.-l. du dép. de la Haute-Marne, à 61 l. de Paris. 6,318 habitants.
CLERMONT-FERRAND, ch.-l. du dép. du Puy-de-Dôme, à 97 l. de Paris. 32,427 habitants.
COLMAR, ch.-l. du dép. du Haut-Rhin, à 118 l. de Paris. 15,958 habitants.
CHATEAUROUX, ch.-l. du dép. de l'Indre, à 66 l. de Paris. 13,847 h.
DIGNE, ch.-l. du dép. des Basses-Alpes, à 194 l. de Paris. 6,365 habitants.
DIJON, ch.-l. du dép. de la Côte-d'Or, à 79 lieues de Paris. 22,817 hab.
DRAGUIGNAN, ch.-l. du dép. du Var, à 226 l. de Paris. 9,774 habitants.
EPINAL, ch.-l. du dép. des Vosges, à 97 l. de Paris. 9,526 habitants.
EVREUX, ch.-l. du dép. de l'Eure, à 26 l. de Paris. 10,287 habitants.
FOIX, ch.-l. du dép. de l'Ariége, à 201 l. de Paris. 4,699 habitants.
GAP, ch.-l. du dép. des Hautes-Alpes, à 173 l. de Paris. 11,367 habit.
GRENOBLE, ch.-l. du dép. de l'Isère, à 147 l. de Paris. 28,969 habitants.
GUERET, ch.-l. du dép. de la Creuse, à 84 l. de Paris. 4,796 habitants.

LAON, ch.-lieu du dép. de l'Aisne, à 34 l. de Paris. 8,230 habitants.
LAVAL, ch.-l. du dép. de la Mayenne, à 71 l. de Paris. 17,810 habitants.
LILLE, ch.-l. du dép. du Nord, à 58 l. de Paris. 72,005 habitants.
LIMOGES, ch.-l. du dép. de la Haute-Vienne, à 98 l. de Paris. 29,706 h.
LYON, ch.-l. du dép. du Rhône, à 119 l. de Paris. 150,814 habitants.
LONS-LE-SAUNIER, ch.-l. du dép. du Jura, à 100 l. de Paris. 7,684 hab.
MACON, ch.-l. du dép. de Saône-et-Loire, à 102 l. de Paris. 11,944 h.
MARSEILLE, ch.-l. du dép. des Bouches-du-Rhône, à 200 l. de Paris. 146,239 habitants.
MELUN, ch.-l. du dép. de Seine-et-Marne, à 12 l. de Paris. 6,846 h.
MENDE, ch.-l. du dép. de la Lozère, à 140 l. de Paris. 5,909 habitants.
METZ, ch.-l. du dép. de la Moselle, à 80 l. de Paris. 42,793 habitants.
MÉZIÈRES, ch.-l. du dép. des Ardennes, à 60 l. de Paris. 4,083 hab.
MONTAUBAN, ch.-l. du dép. de Tarn-et-Garonne, à 169 lieues de Paris. 23,865 habitants.
MONTBRISON, ch.-l. du dép. de la Loire, à 112 l. de Paris. 6,266 h.
MONTPELLIER, ch.-l. du dép. de l'Hérault, à 186 l. de Paris. 35,506 h.
MONT-DE-MARSAN, ch.-l. du dép. des Landes, à 186 l. de Paris. 4,082 h.
MOULINS, ch.-l. du dép. de l'Allier, à 75 l. de Paris. 15,231 habitants.
MANS (le), ch.-l. du dép. de la Sarthe, à 51 l. de Paris. 23,164 habitants.
NANCY, ch.-l. du dép. de la Meurthe, à 85 l. de Paris. 31,445 habitants.
NANTES, ch.-l. du dép. de la Loire-Intérieure, à 96 l. de Paris. 75,895 h.
NEVERS, ch.-l. du dép. de la Nièvre, à 58 l. de Paris. 16,967 habitants.
NIORT, ch.-l. du dép. des Deux-Sèvres, à 104 l. de Paris. 18,197 h.
NIMES, ch.-l. du dép. du Gard, à 173 l. de Paris. 43,036 habitants.
ORLEANS, ch.-l. du dép. du Loiret, à 30 l. de Paris. 43,036 habitants.

PARIS, capitale du royaume, ch.-l. du dép. de la Seine. 1,200,000 hab.
PAU, ch.-l. du dép. des Basses-Pyrénées, à 198 l. de Paris. 12,607 h.
PERIGUEUX, ch.-l. du dép. de la Dordogne, à 122 l. de Paris. 11,576 h.
PERPIGNAN, ch.-l. du dép. des Pyrénées Or., à 220 l. de Paris. 17,618 h.
POITIERS, ch.-l. du dép. de la Vienne, à 88 l. de Paris. 22,000 habitants.
PRIVAS, ch.-l. du dép. de l'Ardèche, à 157 l. de Paris. 4,219 habitants.
PUY (le), ch.-l. du dép. de la Haute-Loire, à 126 l. de Paris. 14,924 h.
QUIMPER, ch.-l. du dép. du Finistère, à 150 l. de Paris. 9,715 habitants.
RENNES, ch.-l. du dép. d'Ille-et-Vilaine, à 88 l. de Paris. 33,352 h.
ROCHELLE (la), ch.-l. du dép. de la Charente-Infér., à 124 l. de Paris. 14,835 habitants.
RODEZ, ch.-l. du dép. de l'Aveyron, à 148 l. de Paris. 9,685 habit.
ROUEN, ch.-l. du dép. de la Seine-Inf., à 30 l. de Paris. 92,083 habitants.
STRASBOURG, ch.-l. du dép. du Bas-Rhin, à 121 l. de Paris. 57,885 h.
SAINT-BRIEUC, ch.-l. du dép. des Côtes-du-Nord, à 107 lieues de Paris. 11,382 habitants.
SAINT-LO, ch.-l. du dép. de la Manche, à 71 l. de Paris. 9,065 habitants.
TARBES, ch.-l. du dép. des H.-Pyrénées, à 188 l. de Paris. 12,630 h.
TOULOUSE, ch.-l. du dép. de la Haute-Garonne, à 182 l. de Paris. 77,372 h.
TOURS, ch.-l. du dép. d'Indre-et-Loire, à 58 l. de Paris. 26,669 hab.
TROYES, ch.-l. du dép. de l'Aube, à 39 l. de Paris. 25,565 habitants.
TULLE, ch.-l. du dép. de la Corrèze, à 121 l. de Paris. 9,700 habitants.
VALENCE, ch.-l. du dép. de la Drôme, à 147 l. de Paris. 10,967 habit.
VANNES, ch.-l. du dép. du Morbihan, à 113 l. de Paris. 11,623 habit.
VERSAILLES, ch.-l. du dép. de Seine-et-Oise, à 5 l. de Paris. 29,209 h.
VESOUL, ch.-l. du dép. de la Haute-Saône, à 87 l. de Paris. 5,887 h.

LA LAPONIE.

Ce grand pays, situé au nord de l'Europe, est renfermé entre la mer Glaciale, la Norwège, la Suède et la Russie. Il est divisé en Laponie russe, suédoise et danoise; mais les Lapons connaissent peu ces divisions. N'ayant aucune habitation fixe, ils passent sans obstacle d'une domination à une autre, et ils ignorent souvent même de quel prince ils dépendent. La terre de cette affreuse contrée, toujours resserrée par un froid excessif, ne produit que des mousses et quelques arbres résineux épars sur le sommet des montagnes. En hiver, le sol est continuellement couvert d'une neige épaisse. La partie la plus septentrionale est privée, pendant trois mois de suite, de la vue du soleil, et dans l'été cet astre est pendant le même temps brillant sur l'horizon. Heureusement, ces longues nuits sont adoucies par des aurores boréales. Les malheureux habitants de cette terre ingrate semblent, sous tous les rapports, disgraciés de la nature ; à peine ont-ils trois pieds et demi : ils sont mal faits, et leur visage pâle et basané n'offre que des traits repoussants. Les femmes sont encore plus laides que leurs époux. Quatre perches plantées en terre, réunies par le bout et recouvertes de peaux, d'écorce et de gazon, composent leur habitation; une ouverture au sommet livre passage à la fumée qui remplit souvent toute l'habitation. Leur intelligence est aussi bornée que leur physique est imparfait ; ils n'ont aucune idée des arts; leurs idées, circonscrites dans un cercle très étroit, ne se rapportent qu'à un petit nombre d'objets ; à peine savent-ils compter jusqu'à 10. Ils sont idolâtres et très superstitieux. Ils ont un gros chat noir à qui ils disent tous leurs secrets, persuadés que le démon caché sous la figure de cet animal, fait connaître ses volontés par quelque signe de convention. La principale richesse du Lapon consiste dans ses rennes.

Un traîneau attelé de deux de ces animaux, parcourt 6 ou 7 lieues par heure sur la glace. Leur lait leur fournit une nourriture salutaire. Le pain est remplacé par des poissons séchés et réduits en poudre. Les pelleteries sont leur seule richesse.

LA TURQUIE.

On évalue la population de la Turquie asiatique à 9 millions d'habitants. Ils sont mahométans. Le caractère du Turc présente des contrastes remarquables : il est à la fois indolent et actif, franc et loyal dans les transactions commerciales, perfide envers son ennemi désarmé ; il est souvent dominé par la cupidité et rempli d'intolérance. Ils ont plusieurs femmes ; leur habitation se nomme harem ou sérail. Le sultan a 500 femmes, et plus un homme est riche, plus il en a. Un Turc peut être marié à 4 femmes, et le nombre des concubines n'est pas fixé ; ils sont très jaloux ; le nombre des femmes est un luxe, comme en France celui des chevaux.

L'ARABIE.

L'Arabie, divisée en trois parties : l'*Heureuse*, la *Déserte* et la *Pétrée*, est une espèce de presqu'île, la plus grande de toute l'Asie. Yémen, sa capitale, est très grande, remplie de beaux édifices, très peuplée et très commerçante. Il y abonde des marchands de toutes les nations. Les Arabes sont mahométans. Lorsque le roi d'Yémen daigne se montrer à son peuple, c'est avec une magnificence tout-à-fait orientale : d'abord une troupe nombreuse le devance en faisant maintes décharges de mousqueterie ; quantité de hautbois, de tambours, de trompettes forment une musique bruyante ; ensuite cent chevaux de la plus grande beauté, autant de chameaux supérieurement caparaçonnés en housses brodées et garnies de crépines d'or, marchent à la file ; vient ensuite l'alcoran porté sur un coussin en brocard ; puis le sabre du roi, éclatant de rubis ; enfin, le roi lui-même, monté sur un superbe cheval blanc, tout resplendissant de diamants. Les femmes d'Yémen, vêtues à la musulmane, considèrent comme un très grand ornement de porter un anneau d'or au nez : elles se rougissent aussi les ongles des pieds et des mains.

LE TOMBEAU DE MAHOMET.

Ce tombeau merveilleux est dans l'Arabie heureuse, à 900 lieues de Paris, à Médine, ville très belle et encore embellie par cent mosquées. Les mahométants s'y rendent, ainsi qu'à la Mecque, en pélerinage, de toutes les partis de l'empire, soit pour se purifier d'un crime, soit pour faire preuve d'une grande dévotion. Ce tombeau est en marbre blanc, placé dans une coupole élevée, située entre ceux d'Abubekre et du grand Omar ; des diamants gros comme un œuf en ornent les angles, et trois mille lampes d'argent brûlent continuellement dans ce temple.

LES SAMOYÈDES.

Les Samoyèdes, peuples qui habitent l'Asie, sont errants et ne vivent que de rennes sauvages et de poissons. L'origine de ces peuples est inconnue. Leur taille ordinaire est de 4 à 5 pieds ; ils sont mal faits et malpropres. Leur religion consiste en de petites figures de bois, nommées *Fétiches*, que leurs prêtres ou magiciens leur vendent. Lorsqu'ils sont malades, leurs magiciens entreprennent de les guérir, soit en faisant beaucoup de bruit sur un tambour, ou en leur marchant bien fort sur le ventre, pour rendre, disent-ils, le corps souple et faire sortir la maladie. Ils se servent du même procédé pour les femmes enceintes. Le froid est excessif dans ces malheureuses contrées. Ils sont très insouciants, et ne connaissent ni le meurtre ni le vol. Ils paient tribut à la Russie.

LA CHINE.

Les Chinois ont le front large, le visage carré, le nez court, les yeux petits, de grandes oreilles, la plupart les cheveux noirs. Ils sont vertueux et chastes naturellement : jamais ils ne jurent ; jamais ils ne témoignent de colère ; ils sont naturellement sobres, industrieux, laborieux, grands formalistes. Ils aiment beaucoup le jeu, ne sont pas orgueilleux, sont très défiants, font leur commerce au dehors et par commission ; mais ils ne laissent pénétrer aucune nation chez eux. — Un Chinois qui voudrait garder le célibat serait déshonoré et chassé. — Leurs femmes sont modestes, attachées à leur ménage, et ne sortent jamais. Elles font consister leur beauté à avoir les pieds très petits, et mettent toutes sortes de moyens en usage, afin que leurs yeux ne paraissent pas grands ; les jeunes filles se tirent continuellement les paupières, afin de les avoir petites et longues. Un visage sans sourcils leur paraît aussi d'une grande beauté. C'est pour ces femmes un déshonneur d'être stériles ou de n'avoir que des filles.

L'ÉGYPTE.

Les naturels du pays jouent un bien pauvre rôle sous la domination des Turcs : ils sont sales, de mauvaise mine, et plongés dans l'indolence. Leur teint est plutôt brûlé du soleil que naturellement noir. Il y a des chrétiens du rit grec et des musulmans. Ils sont en général très superstitieux. Les femmes ne sont point admises dans la société des hommes ; elles ne se mettent pas à la même table. Quand un riche veut dîner avec une de ses femmes, il l'en avertit auparavant ; elle prépare les mets qu'il aime, et reçoit son maître avec le plus grand respect. Les femmes de la dernière classe restent ordinairement debout ou assises dans un coin de la chambre, pendant que leur époux prend son repas ; elles lui donnent de l'eau pour se laver et le servent à table.

LA TERRE DE NATAL ET LE MONOMOTAPA.

MARIAGE DES HABITANTS DE NATAL.

C'est comme un marché. Un chef de famille est propriétaire de ses sœurs et de ses filles. Si un homme a besoin d'une femme et veut en prendre une dans sa famille, il vient trouver ce chef, et tous deux, en buvant quelques pots d'une liqueur fermentée faite avec du maïs, conviennent du prix, et moyennant tant de moutons, la femme est vendue et livrée. On peut aussi acheter autant de femmes que l'on peut en nourrir.

COUTUME BARBARE DES ESQUIMAUX.

La coutume d'étrangler les vieillards chez les Esquimaux s'étend aux deux sexes. Quand les pères et mères, dits *Ellis*, sont d'un âge qui ne leur permet plus le travail, ils ordonnent à leurs enfants de les étrangler. C'est de la part des enfants un devoir d'obéissance auquel ils ne peuvent se refuser. La vieille personne entre dans une fosse, qu'ils ont creusée pour lui servir de tombeau. Elle y converse quelque temps avec eux, en fumant du tabac et en buvant quelques verres de liqueurs. enfin, sur un signe qu'elle leur fait, ils lui passent une corde autour du cou, et chacun tirant de son côté, ils l'étranglent en un instant. Ils sont obligés ensuite de la couvrir de sable, sur lequel ils entassent des pierres. Les vieillards qui n'ont point d'enfants exigent le même office de leurs amis ; mais ce n'est plus un devoir, et souvent ils ont le chagrin d'être refusés. On ne voit pas que, dans le dégoût qu'ils ont de la vie, ils pensent jamais à s'en délivrer de leurs propres mains.

LA GUYANE.

La Guyane est un vaste pays de l'Amérique méridionale, confiné par la rivière des Amazones et par le fleuve Orénoque, à l'est par le Pérou : c'est une presqu'île ; le climat y est délicieux et ses productions abondantes. Dans ce pays, quand une femme accouche, elle se transporte tout de suite à la rivière avec son enfant, où tous deux prennent un bain de propreté ; le père se couche alors dans son hamac, et reçoit, comme les Caraïbes, les compliments des parents sur son heureuse délivrance.

LE PÉROU.

Pour donner une idée, quoique faible encore, des richesses du Pérou, lors de son envahissement, il suffira de dire qu'un Inca proposa aux officiers de Pizarre, pour sa rançon, de remplir d'or la salle où ils se trouvaient, jusqu'à la hauteur où son bras pouvait atteindre, et promit autant d'argent que les vainqueurs en pourraient emporter.

L'OCÉANIE OU NOUVELLE-HOLLANDE.

Ces peuples sont divisés par familles et tribus ; ils nomment le plus ancien *beana*. Les tribus les plus nombreuses se permettent d'arracher une dent aux jeunes gens des petites tribus. Celui qui veut obtenir une femme surprend l'objet de son choix sortant de sa retraite ; il l'accable de coups de bâton, et la conduit tout ensanglantée dans sa hutte: c'est après ces noces meurtrières qu'elle devient son épouse.

Voici le fruit de leur erreur, n'ayant pour guide ni religion, ni lois humaines.

LE MALABAR.

C'est le premier pays que les Européens aient découvert dans cette partie du monde. Vasco de Gama débarqua à Calicut au mois de mai 1498. La France y possède la ville de Mahé.

Autrefois, dans le Malabar, lorsqu'un homme mourait, sa femme se parait de ses plus beaux vêtements, et elle était condamnée à être brûlée vive avec le corps de son mari. La femme qui ne voulait pas se soumettre à cet usage, le pouvait; mais elle était condamnée à porter continuellement un voile blanc sur sa figure, et défense de paraître dans aucune société.

LES ALGONQUINS.

Peuples extrêmement barbares et sauvages ; tous les prisonniers qu'ils font, ils leur donnent toute la nourriture qu'ils demandent pour les mettre dans un bon embonpoint; lorsqu'ils sont bien gras, ils font une fête, le prisonnier lui-même est de la partie ; par un signal il se trouve assommé. On termine la fête par le faire cuire à moitié et le manger.

LES PATAGONS.

Géants hospitaliers ; la taille ordinaire de ces peuples est de 7 pieds ; ils sont bien faits et robustes, et ont le teint bronzé ; ils ont les pieds et les mains d'une petitesse remarquable; leurs cheveux sont très longs et presque aussi durs que des soies de porc ; ils n'ont pour habillement qu'une peau de guanaco dont ils s'enveloppent le corps et qui est retenue par une ceinture, mais qui laisse les épaules à découvert ; ils vivent principalement de la pêche et de la chasse. La Patagonie a été découverte par Magellan en 1519.

LE GROENLENDAIS.

Ces peuples sont d'une malpropreté incroyable; ils mangent les poux qu'ils trouvent sur eux et sur d'autres, se raclent la sueur du visage et la lèchent; ils ont un baquet dans un coin de l'appartement où chacun va lâcher l'eau; les femmes se plongent la tête dans cette cuve à urine pour se faire croître les cheveux et se rendre le teint un peu plus clair.

ORIGINE

DES DIFFERENTES CÉRÉMONIES RELIGIEUSES.

Dès les premiers temps apostoliques, il y avait des assemblées de fidèles, et leurs lieux d'oraison n'étaient que des maisons particulières inconnues aux païens. Comme ces assemblées se faisaient de nuit, il fallait alors des lumières : de ce temps-là vient l'origine des cierges allumés sur les autels. Lorsqu'il y eut des églises, il s'est passé un long espace de temps où l'on n'allumait point de cierges pendant le jour. Ce fut saint Anaclet, premier pape, qui bâtit la première église sur le tombeau de saint Pierre, l'an 103 de Jésus-Christ; l'an 110, on commença à en bâtir dans les villes, et l'an 400 dans les campagnes.

L'an 121, saint Alexandre, 7e pape, a établi l'usage de l'eau bénite, dont l'origine vient de Jésus-Christ; il ordonna que l'on ferait la bénédiction avec le sel; et qu'il y en aurait aussi dans les églises et dans les maisons particulières.

L'an 142, saint Elesphon, pape, ordonna que le jour de la Nativité l'on dirait la messe de minuit, et que l'on chanterait le *Gloria in excelsis*. Il ordonna le jeûne de carême dont l institution vient des apôtres.

L'an 154, saint Higin, 10e pape, ordonna qu'il y aurait un parrain et une marraine au baptême des enfants.

L'an 158, saint Anicet, 12e pape, ordonna la tonsure aux prêtres au lieu de couronnes.

L'an 160, le pape Jean, 7e de ce nom, a fondé l'établissement des cimetières ; avant ce temps on enterrait sur les grands chemins.

En 332, saint Calixte, 17e pape, institua le jeûne, les *quatre-temps*, suivant la prophétie de Zacharie.

En 361, saint Denis, 26e pape, divisa les diocèses et les paroisses.

En 114, saint Sylvestre, 4e pape, fut le premier qui dressa un autel de pierre, le sacra, et l'oignit de saint chrême, et il fut décidé la même année, au concile d'Arles, que la pâque serait observée par tout le monde le même jour. Pie Ier ordonna qu'on la célébrât le dimanche.

En 197, saint Dalmasse, 8e pape, ajouta le *Gloria Patri* à la fin des psaumes, ordonna que l'on dirait le *Confiteor* au commencement de la messe, le *Credo* après l'Évangile, et fit chanter l'*Alleluia*, louons Dieu, c'était le premier mot qu'on apprenait aux petits enfants.

En 385, saint Cyrille, 30e pape, défendit le mariage au clergé.

En 398, saint Anathase, 34e pape, ordonna que, lorsqu'on chanterait l'évangile, chacun se tiendrait debout. La même année fut fondé l'usage du pain bénit.

En 413, les cloches furent fondues par Pollin, évêque de Nole, et Cohute, pape, ordonna de les sonner pour avertir les fidèles de l'heure de l'office divin.

En 534, Agapète, premier de ce nom, pape, a établi la procession du dimanche.

En 590, saint Grégoire, 63e pape, ordonna de chanter le *Kirie eleison* à la messe ; il institua les litanies et les rogations, longtemps en usage chez les Grecs ; il établit les processions des Rameaux et de la Purification.

En 604, Sabinien, 66e pape, ordonna que l'on tînt des lampes allumées dans les églises, et des cierges sur les autels, à tous les offices du jour.

En 683, saint Léon, deuxième de ce nom, 81e pape, ordonna le baiser de paix à la messe, et que l'on jetât de l'eau bénite au peuple avant la messe.

En 687, Sergius, premier de ce nom, 86e pape, ordonna qu'on chantât à la messe l'*Agnus Dei*.

En 787, commença l'usage des orgues en France ; le premier qui a paru fut envoyé par Constantin à Pépin, qui était alors à Compiègne, et qui en fit don à l'église de saint Corneille de cette ville.

En 827, Grégoire, 103ᵉ pape, institua la fête de la Tous saint, célébrée à Rome plus de deux cents ans avant qu'elle fût célébrée dans les Gaules et en Allemagne.

L'an 858, Nicolas, premier de ce nom, 107ᵉ pape, ordonna que le baptême ne serait pas réitéré, bien qu'il eût été conféré par un païen, pourvu qu'il fût fait au nom des trois personnes de la Sainte-Trinité ou au nom de Jésus-Christ.

L'an 895, Jean, 13ᵉ de ce nom, a établi l'usage de baptiser les cloches.

L'an 985, Jean, 16ᵉ de ce nom, 130ᵉ pape, institua la fête des morts par le conseil de saint Adille, abbé de Cluny.

Grégoire, 7ᵉ de ce nom, 165ᵉ pape, défendit l'usage de la viande le samedi.

HISTOIRE DE NAPOLÉON.

Napoléon Bonaparte, connu simplement d'abord et devenu célèbre sous le deuxième de ces noms, naquit en 1760, à Ajaccio, petite ville de Corse, d'une famille noble, mais pauvre, originaire de la Toscane. Charles Bonaparte, son père, avait été l'un des trois députés de la noblesse corse, qui, en 1778, portèrent à Versailles l'hommage de cette île soumise depuis dix ans à la France. Le fameux Paoli fut son parrain. En 1777, le comte Marbeuf, gouverneur de l'île, le fit placer par l'intervention du maréchal de Ségur, ministre de la guerre, à l'école de Brienne, en Champagne.

En 1784, Bonaparte fut jugé digne d'être compris dans la promotion des élèves que l'on fit passer de l'école militaire de Brienne à celle de Paris. Il subit, en 1785, des examens sur toutes les parties de l'art auquel il se destinait. Ces examens, qui avaient été très brillants, furent immédiatement suivis de sa nomination une sous-lieutenance au régiment de la Fère artillerie, alors en garnison à Grenoble.

Bientôt se manifestèrent les premiers symptômes de la révolution. Il paraît certain qu'il délibéra quelques jours sur le parti qu'il prendrait; mais l'espoir d'un avenir brillant fit cesser toute incertitude; et, son parti pris, il ne regarda plus en arrière.

Revenu en Corse avec le général Paoli, en 1790, il passa trois ans dans cette île, sous les ordres de ce général, entièrement livré à l'étude, s'occupant à fond de la théorie de l'art militaire, et manifestant tous les principes et les opinions d'un ami très exalté de la liberté.

Devenu capitaine en second au 4e régiment d'artillerie, Bonaparte fut employé en cette qualité dans l'armée qui assiégea Lyon sous les ordres du général Kellermann, et vint rejoindre ensuite celle qui s'avançait contre Toulon.

Sallicetti, député de la Corse, avait toujours été l'ami de la famille Bonaparte : il présenta le jeune Napoléon à Barras, son collègue, et lui fit obtenir de l'avancement dans l'arme de l'artillerie, tandis que son frère Joseph allait obtenir un brevet de commissaire des guerres, et que Lucien était nommé à un emploi dans les administrations des Alpes-Maritimes. Tels furent les modestes commencements de cette famille de rois.

Nommé chef de bataillon et chargé d'un commandement dans l'artillerie pendant le siége de Toulon, Bonaparte y développa des talents, une activité et un courage qui fixèrent de plus en plus sur lui les regards des commissaires de la Convention.

Après le siége, la mission difficile et périlleuse de reprendre la Corse fut confiée à Bonaparte; mais les Anglais avaient tellement pourvu à la défense de cette île, que toutes les tentatives qu'il fit pour s'emparer d'Ajaccio furent totalement inutiles.

Ayant cessé d'être compris dans l'arme de l'artillerie, on lui donna des lettres de service pour l'attacher avec le même grade à l'armée de l'Ouest. Cette translation de l'artillerie dans la ligne le blessa vivement : et, malgré toutes les démarches faites par ses deux protecteurs Barras et Fréron, il ne put parvenir à être réintégré dans sa place.

Repoussé par le gouvernement, Bonaparte sollicitait la permission de quitter la France pour aller prendre du service en Turquie, lorsque de nouveaux troubles survinrent.

La Convention, se défiant du général Menou, qui, s'il ne la trahissait pas, la servait bien faiblement, ne vit d'autre moyen que de nommer un général plus digne de sa confiance. Barras fut chargé du commandement-général des troupes républicaines réunies autour de la capitale. En acceptant cette mission, il demanda et obtint l'autorisation de s'adjoindre Bonaparte. Ce dernier, exerçant aussitôt les fonctions de général de brigade, fit les dispositions les mieux entendues, plaça plusieurs pièces d'artillerie sur les points voisins de la Convention que les insurgés menaçaient de forcer, et les dispersa au moyen de quelques coups de canon.

L'action serait-peut être devenue plus longue et plus sanglante, sans la précaution qu'il prit d'écarter toute la nuit, par des coups de canon tirés à poudre, les sections qui cherchaient à se rallier pour revenir à la charge.

Après le service important qu'il venait de rendre à la Convention, il fut nommé général en chef de l'intérieur.

Dans toutes les circonstances, le général Bonaparte avait reçu du gouvernement directorial des preuves multipliées de confiance et d'estime, lorsqu'au mois de mars 1796, il obtint, avec la main de Joséphine de la Pagerie, veuve d'Alexandre de Beauharnais, qu'il avait connue dans le salon de Barras, le commandement en chef de l'armée d'Italie.

Il partit de Paris le 21 mars, après la célébration de son mariage avec Joséphine. L'entreprise était grande et hasardeuse. L'armée qu'il allait commander avait pour généraux des hommes déjà célèbres ; mais le découragement y était au comble.

Cette armée, forte de soixante mille hommes, se trouvait réduite, sur les revers des Alpes, à ne pouvoir rien entreprendre, faute de plusieurs objets de première nécessité. Elle était mal payée, et la plupart des soldats manquaient de vêtements. Comme ils se plaignaient à leur nouveau général de l'état de dénuement où on les avait laissés : « Je ne connais de remède à vos maux, leur dit-il, que la victoire ; vainqueurs, nous en aurons assez, et trop si nous sommes vaincus. »

1797. Le 13 janvier, bataille de Rivoli, gagnée par l'armée française. Le 16, bataille de la Favorite, gagnée par les Français. Le 16 août, l'armée d'Italie gagne la bataille de Saint Georges. Le 17 octobre, traité de paix à Campo-Formio.

1798. Le 20 mai, les Anglais sont défaits près d'Ostende par les Français. Le 2 juillet, prise d'Alexandrie. Le 23, prise du Caire. Le 2 août, combat naval d'Aboukir : l'amiral Brueys est tué. Le 8 octobre, les Anglais incendient 40 bâtiments napolitains et génois devant le port d'Alexandrie. Le 18, l'empereur de Russie se déclare grand-maître de l'ordre de Malte.

1799. Le 21 janvier, prise de Naples par les Français. Le 30, les Piémontais votent leur réunion à la France. Le 16 mars, prise de Civita-Vecchia par les Français. Le 8 avril, le général Junot gagne la bataille de Nazareth. Le 18, victoire remportée par les Français sur les Mamelucks à Mont-Thabor. Le 25, les Français font le siége de Saint-Jean-d'Acre. Le 26 juillet, les Français gagnent la bataille d'Aboukir. Le 13, Masséna défait le prince Charles à Zurich. Le 3 décembre, prise de Coni par les Français. Le 10, abolition du Directoire, création du Consulat. Le 25, installation des consuls et du sénat conservateur.

1800. Le 1er janvier, installation du tribunat et du corps législatif. Le 18, établissement d'un préfet par chaque département. Le 9 mai, bataille de Biberac, gagnée par le général Moreau. Le 20, bataille d'Héliopolis, où 10,000 Français commandés par le brave général Kléber détruisirent 80,000 Turcs. Le 21, les Français, passent le mont Saint-Bernard. Le 3 juin, Moreau gagne la bataille d'Iler, et fait 2,000 Autrichiens prisonniers. Le 10, mariage du duc d'Angoulême avec la fille de Louis XVI, célébré à Mittau, à 600 lieues de Paris ; bataille de Montebello. Le 14, les Français gagnent la bataille de Marengo; le général Désaix est tué. Le 19, bataille d'Hochstedt, gagnée par le général Moreau. Le 16 juillet, prise de Selkrich, Coire et tout le pays des Grisons par l'armée du Rhin. Le 7 août, combat de Thara en Egypte ; le général Davoust a l'avantage. Le 15 octobre, le général Dupont entre victorieux dans Florence. Le 25, prise de Stayer par Lecourbe.

1801. Le 25 mars, mort de Paul Ier, empereur de Russie.

1802. Le 26 avril, amnistie pour fait d'émigration.

1803. Le 3 juin, prise du Hanovre par les Français, et l'armée ennemie faite prisonnière.

1804. Le 10 août, l'empereur d'Allemagne se fait déclarer héréditaire d'Autriche. Le 2 novembre, le souverain pontife Pie VII part de Rome pour se rendre en France. Le 28, arrivée de S. S. à Paris.

1805. Le 10 septembre, sénatus-consulte qui rétablit en France le calendier grégorien au 1er janvier 1806. Le 20 octobre, la garnison d'Ulm, au nombre de 33,000 hommes, défile devant les Français et dépose ses armes. Le 13 novembre, l'armée d'Italie franchit le Tagliamento.

La grande armée entre à Vienne. Le 16, l'armée française

entre en Hongrie. Le 17, victoire de l'armée d'Italie; prise des magasins d'Udine et de Palma-Nuova. Le 18, la grande armée entre dans Brunn en Moravie. Le 19, combat sur la route de Brunn à Olmutz, entre la cavalerie française et la cavalerie russe; cette dernière est complétement défaite. Le 1er décembre, journée d'Austerlitz.

1806. Le 14 octobre, bataille d'Iéna; 30 à 40,000 prisonniers, 400 pièces de canon, 25 à 30 drapeaux, furent les trophées de cette victoire des Français sur les Prussiens. Le 29, Lassalle, à la tête de 600 hussards du 5e et du 7e, prend Stetten; 6,000 prisonniers, 100 pièces de canon tombent en son pouvoir.

1807. Le 9 février, bataille d'Eylau, gagnée par l'armée française. Le 14 juin, victoire remportée à Friedland par les troupes de la grande armée. Le 9 juillet, traité de paix entre la France et la Russie, signé à Tilsitt. Le 30 septembre, arrivée de l'armée française à Lisbonne.

1808. Le 13 mars, mort de Christian VII, roi de Danemarck et de Norwège. Le 19, création d'une université. Le 24, le grand duc de Berg, à la tête d'une armée française, entre dans Madrid. Le 19 avril, le roi Charles IV abdique la couronne d'Espagne en faveur de son fils, le prince des Asturies. Le 23 mai, arrivée à Fontainebleau du roi et de la reine d'Espagne, et du prince de la Paix.

1809. Le 6 mai, bataille d'Essling; le maréchal duc de Montebello reçoit un coup de boulet dont il meurt peu de temps après. Le 11 juillet, batailles de Wagram, de Znaïm, gagnées par les Français. Le 14 octobre, paix signée à Vienne entre la France et l'Autriche.

1810. Le 6 janvier, paix signée à Paris entre la France et l'Autriche. Le 21 juillet, élection faite par les états de Suède de J. Bernadotte, prince de Ponte-Corvo, comme prince royal et successeur au trône de Suède. Novembre, arrivée à Paris de six premiers bateaux venant du canal de Saint-Quentin.

1811. Les villes anséantiques de Hambourg, de Brême, de Lubeck, etc., furent réunies à la France. Louis Bonaparte, que son frère avait fait roi de l'Hollande, ayant pris le parti d'abandonner et de passer en Angleterre, la Hollande, par un décret de Bonaparte, fut déclarée partie intégrante de l'empire français. L'archiduchesse Marie-Louise, épouse de Bonaparte, accoucha le 20 mars d'un fils qui fut appelé roi de Rome.

1812. Le 28 janvier, inondation des houillères de Beaujonc,

près de Liège. Le 20 juin, arrivée du pape à Fontainebleau. Déclaration de guerre entre l'Amérique et l'Angleterre. Le 17 août, bataille et prise de Smolensk. Le 7 septembre, bataille de la Moscowa, passage de la rivière; les Russes ne se battent que pour la retraite. Le 14, entrée des Français dans Moscou. Incendie général de cette ville, par ordre du commandant Rostopchin; les neuf dixièmes de la ville ont été brûlés. Le 19 octobre, les Français quittent Moscou pour prendre des quartiers dans la ci-devant Pologne russe.

Napoléon, ébranlé néanmoins par les instances du prince Poniatowski, qui, dans les premiers jours d'octobre, lui avait annoncé que son armée courait les plus grands dangers; qu'il connaissait le climat; que le lendemain, le soir même, le thermomètre pouvait descendre à vingt, et même à trente degrés; instruit d'ailleurs qu'Alexandre avait résolu de ne point consentir à la paix qu'il lui faisait proposer à chaque instant, s'était décidé, vers la mi-octobre, à faire évacuer les malades sur Mojaïsk et Smolensk. La saison était belle encore; mais le froid commençait à se faire sentir.

Napoléon partit de Moscou le 22. Le 23, on fit sauter le Kremlin par ses ordres. Le 24, à la suite d'une affaire sanglante, les Russes rentrèrent dans Moscou et se mirent presque aussitôt à la poursuite des Français. Les premiers jours de la retraite, l'armée était dans le meilleur état. Le 7 novembre, commença un hiver dont la rigueur surpassa celle des années précédentes. Le thermomètre de Réaumur descendit tout-à-coup à vingt, vingt-sept et vingt-huit degrés; les chemins devinrent presque impraticables pour les équipages; un nombre prodigieux d'hommes, saisis par le froid et accablés de fatigue, expiraient debout et en marchant. D'affreuses contractions, qui ressemblaient quelquefois à un rire convulsif, défiguraient les traits de ces vieux guerriers échappés aux hasards de cent batailles, et annonçaient leurs derniers moments. Les bivouacs de nuit leur étaient surtout funestes. En peu de jours, l'armée eut perdu trente mille chevaux; la cavalerie tout entière fut démontée, et les bagages, ainsi que l'artillerie, n'eurent plus d'attelages. Le 24 novembre, il ne restait plus que des débris d'une armée forte de cinq cent soixante-quinze mille hommes et de onze cent quatre-vingt-quatorze canons.

Napoléon arriva à Paris le 18 décembre, le lendemain du jour où le vingt-neuvième bulletin avait fait assez exactement la révélation de ses pertes. On ne l'attendait point au château, lorsque la mauvaise calèche dans laquelle il avait fait un trajet de quatre cents lieues se présenta aux portes des Tuileries.

Le 26 décembre, toutes les autorités, tous les corps de l'Etat furent admis à l'audience de l'empereur.

Le 10 janvier 1813, Napoléon fit demander au sénat un décret ordonnant une levée de cent cinquante mille hommes, qui devançait de deux années l'époque fixée par les lois. Le 12, ce décret fut rendu. Le 16 mars suivant, le roi de Prusse fit connaître, par une déclaration de guerre à la France, l'intention où il était de séparer sa cause de celle de Napoléon, et de réunir ses drapeaux à ceux de la Russie. Tous les griefs de la Prusse étaient exposés dans cet acte avec une grande précision. Aujourd'hui seulement, l'opinion de l'Europe pourrait décider jusqu'à quel point ils étaient fondés.

Dans l'espoir de retenir l'Autriche dans son alliance, à l'instant où cette alliance lui devenait d'autant plus nécessaire qu'il avait à craindre que tous ses alliés ne suivissent l'exemple de la Prusse, lorsqu'ils croiraient pouvoir le faire sans danger, Napoléon avait fait rendre, le 6 février, un sénatus-consulte pour établir la régence de l'empire, dans les cas prévus par les constitutions; et, le 2 avril, il communiqua au sénat un décret par lequel il conférait à l'impératrice Marie-Louise le titre de régente.

Avec les nouvelles forces que le sénat avait mises à sa disposition et les débris de la grande armée, Napoléon, soutenu par une activité infatigable, et qui, dans cette circonstance, avait tenu du prodige, se vit en état d'ouvrir une nouvelle campagne.

Malgré la défection de la Prusse, l'Autriche et la confédération du Rhin étaient restées fidèles. Napoléon partit pour Mayence le 15 avril, et déjà toute les forces de l'ennemi étaient en mouvement. La Russie avait fait des armements extraordinaires, et des levées en masse étaient organisées par toute la Prusse. La valeur française fit en vain de nouveaux prodiges; les progrès furent moins rapides qu'à l'ordinaire; chaque position était défendue pied à pied. Cependant, Napoléon gagna les batailles de Lutzen et de Bautzen, brillants faits d'armes qui furent suivis d'un armistice ayant pour but la pacification de l'Europe.

L'empereur d'Autriche avait été choisi pour médiateur ; mais son gendre croyait ne pas pouvoir accepter sans honte les conditions suivantes, telles que celles de renoncer à la possession de la Belgique et de l'Italie. Toutes les propositions furent donc inutiles ; l'armistice fut rompu, et l'Autriche, de médiatrice qu'elle était, devint l'ennemie de la France, et réunit ses armes à celles de la Russie et de la Prusse.

La défection de l'Autriche amena d'abord celle de la Suède, de la Bavière et du Mecklembourg. Cela n'empêcha pas Napoléon de remporter encore une victoire éclatante à Dresde, où, après avoir fait faire à sa garde quarante lieues en quatre jours, il attaqua à l'improviste, et, pendant les journées des 26 et 27 août, battit complétement les armées réunies d'Autriche, de Prusse et de Russie.

Cette victoire, qui coûta aux alliés plus de soixante mille hommes, quarante drapeaux et soixante pièces de canon, eût peut-être rétabli les affaires de Napoléon, si, vers le même temps, Vandamme, par une faute impardonnable, ne se fût fait battre en Bohême, tandis que l'armée de Silésie éprouvait aussi un échec considérable.

Napoléon, qui se voyait abandonné chaque jour par quelques uns de ses alliés, avait pris le parti d'opérer sa retraite vers le Rhin. Les armées se rencontrèrent encore à Leipsick, le 16 octobre, et le combat s'engagea immédiatement. Dans les journées des 16 et 17, l'armée autrichienne fut battue et chassée de toutes ses positions, et le comte de Meerfeld, l'un de ses généraux, fut pris. Le 18, les Français étaient encore victorieux sur tous les points, lorsque l'armée saxonne tout entière, ayant soixante bouches à feu, et occupant une des positions les plus importantes de la ligue, passa à l'ennemi et tourna ses canons contre l'armée française, qu'alors toutes les troupes des princes de la confédération abandonnèrent.

La bataille de Leipsick, qui changea les destins du monde, dura quatre jours ; sept souverains y commandaient plus de cinq cent mille hommes.

Cependant, malgré une trahison si imprévue et dont le résultat devait être l'anéantissement de l'armée française, la victoire était demeurée à cette armée. Napoléon, accouru avec la moitié de sa garde, avait repoussé et chassé de leurs positions les Saxons et les Suédois. Le roi de Naples. le prince Poniatowski, les ducs de Bellune, de Raguse, de Reggio, de Tarente, de Trévise, les généraux Curial, Maison et Latour-Maubourg avaient fait des prodiges d'habileté et de valeur; les ennemis avaient abandonné le champ de bataille, et, malgré ses pertes, rien n'était désorganisé dans le moral de l'armée; tout enfin ne paraissait pas perdu; mais l'accablement fut au comble, lorsqu'on apprit, par les rapports des généraux Sorbier et Dulauloy, qu'il ne restait pas plus de dix mille coups de canon à tirer, ce qui devait suffire à peine pour entretenir le feu pendant deux heures.

On ne pouvait se réapprovisionner qu'à Magdebourg ou à Erfurth; depuis cinq jours, l'armée avait tiré deux cent vingt-cinq mille coups de canon. On prit donc le chemin d'Erfurth. Bientôt il ne resta plus à Leipsick qu'une forte arrière-garde commandée par le duc de Tarente et le prince Poniatowski. Cette arrière-garde opérait tranquillement sa retraite, lorsqu'un ordre, exécuté à contre-temps, donna lieu au plus horrible malheur. Un grand pont sur la Saal communique de Leipsick à Lindsenau; l'empereur avait donné l'ordre au général Dulauloy de le faire sauter aussitôt que l'ennemi se présenterait. Dulauloy avait transmis cet ordre à un colonel du génie, qui lui-même avait chargé de son exécution un caporal de sapeurs sans intelligence et plus zélé que prudent.

Au bruit des coups de fusil que tiraient les Saxons du haut des remparts de Leipsick sur le corps d'armée français qui se retirait, cet homme, sans rien voir, mais croyant l'ennemi arrivé, fit sauter le pont; de son côté, l'arrière-garde crut que le pont était au pouvoir de l'ennemi. Un cri d'épouvante se propage de rang en rang : « L'ennemi est sur nos derrières; les ponts sont coupées... » Les généraux, ne pouvant se faire entendre, ne songèrent eux-mêmes qu'à échapper à l'ennemi qu'ils croyaient sur leurs pas. Le duc de Tarente, monté sur un cheval docile, traversa la Saal; l'intrépide et malheureux Poniatowski, emporté par la fougue du sien dans une partie du fleuve fangeuse et remplie de roseaux, fut renversé et se noya sans qu'il fût possible de venir à son secours.

Après ce désastre, l'armée, qui jusque-là avait conservé dans sa retraite son ascendant victorieux, alla passer la Saal au pont de Weissenfeld, où elle devait se rallier, afin d'y attendre les munitions d'Erfurth qui en était abondamment approvisionné.

L'arrivée des Austro-Bavarois sur les bords du Mein, où ils s'étaient portés à marches forcées, ne permit aucun repos a l'armée française. Le 30 octobre, elle rencontre leur armée rangée en bataille en avant de Hanau, et interceptant le chemin de Francfort. Quoique forte et occupant de belles positions, celle-ci fut écrasée et chassée d'Hanau qu'occupa le comte Bertrand. Dès le 2 novembre, l'armée française continuant son mouvement de retraite avait passé le Rhin.

Des pourparlers eurent lieu. Le baron de Saint-Aignan, écuyer de l'empereur et beau-frère du duc de Vicence, se rendit à Francfort, où il eut des conférences avec le prince de Metternich et le comte de Nesselrode, pour l'Autriche et la Russie, et lord Aberdeen pour l'Angleterre. On proposait de maintenir la France dans ses limites des Alpes et du Rhin, la Hollande y comprise ; de discuter une frontière en Italie, pour séparer la France des états de la maison d'Autriche ; et l'on exigeait la renonciation de l'empereur à la Pologne, à la possession des villes Anséatiques et au protectorat de la Confédération du Rhin. Napoléon adhéra à ses bases ; mais la suite prouva que le congrès de Francfort n'avait été qu'un prétexte comme celui de Prague. Plus tard, les alliés désignèrent Châtillon-sur-Seine, en Bourgogne, pour la réunion d'un nouveau congrès, tandis que, pour envahir la France, leurs armées violaient la neutralité des cantons suisses.

De retour à Paris, Napoléon ne trouva plus dans certaines autorités la même docilité à exécuter et même à prévenir ses volontés absolues. Organe d'une commission chargée par le corps législatif de faire un rapport sur la situation de la France, M. Laisné lui fit entendre des vérités d'autant plus dures qu'il y était moins habitué. Le moment était-il bien choisi ? Nous ne déciderons pas cette question. Ce qu'il y a de sûr, c'est que Napoléon ne vit que des traîtres dans les hommes qui, pour la première fois, avaient le courage de lui faire des remontrances. Il ajourna la session qui venait de s'ouvrir sous ces auspices, sans réfléchir assez que cet ajournement ne pouvait que lui nuire dans l'esprit public, en raison des circonstances.

Cependant les alliés, qui ne trouvaient

vahirent la France au nord, à l'est et au sud, sans que celui qui les avait vaincus tant de fois pût y apporter la moindre opposition, car le général chargé de défendre avec sa colonne le passage du Rhin, n'ayant apparemment qu'une force insuffisante, se replia constamment jusqu'à Paris.

Depuis que Napoléon n'enchaînait plus la victoire à son char, il avait perdu beaucoup de ses partisans; le prestige paraissait détruit, et des agitateurs cachés insinuaient au peuple que la gloire de son héros était la cause de toutes ses calamités. Mais, quoique mécontent, ce bon peuple plaignait le sort de Marie-Louise; lorsque l'empereur, que l'on méditait déjà de détrôner, reçut et harangua les officiers de la garde nationale parisienne, c'est en leur présentant son épouse et son fils qu'il parvint à les attendrir. Il est constant qu'il les électrisa, et que, dès le soir même, l'esprit public parut changé.

On se demandait pourtant ce que faisait à Paris ce héros jadis si actif à prévenir ses ennemis, quand les champs fertiles de la Champagne et de la Bourgogne étaient ravagés par les sauvages du Nord. Il était facile d'en expliquer la cause; mais enfin il partit pour se mettre à la tête de son armée, quand il la crut en état de prendre l'offensive.

Suivons maintenant Napoléon dans cette dernière époque de sa gloire militaire, qui fut en tout digne de ses premières années. Les Russes et les Prussiens avaient passé le Rhin au nord, les Anglais avaient franchi les Pyrénées au midi, les Autrichiens attaquaient Huningue et s'avançaient vers l'est, lorsque Napoléon, après avoir confié l'impératrice et son fils à la garde nationale de Paris, quitta cette ville le 25 janvier 1814, pour se mettre à la tête de l'armée. Il ouvrit la campagne par de brillants avantages sur l'ennemi, entre Vitry et St-Dizier. Les 1er et 2 février, quarante mille Prussiens furent battus à Brienne, dont ils s'étaient emparés. Secondés par les Autrichiens, les Prussiens revinrent à la charge et repoussèrent les Français. Le 9 du même mois, un corps russe, commandé par le général Ousouwieff, fut attaqué et battu à Champ-Aubert, et le général fait prisonnier. Ce corps, formant la liaison entre les deux grandes armées alliées, fut entièrement détruit; mais cette action ne fut que le prélude de la bataille bien autrement importante de Montmirail, qui fut livrée le 13, et dans laquelle l'armée du général Blücher fut écrasée. **Dix mille Prussiens tués ou blessés**, un nombre considérable de prisonniers, six drapeaux, et la prise de toute l'artillerie furent le fruit de cette journée. Ceci se passait pendant que la grande armée des alliés s'avançait vers la Seine.

La capitulation de Paris avait été signée dans la nuit du 30 au 31 mars; les alliés y entrèrent donc dans la matinée du 31.

Dès que Napoléon avait appris la marche des alliés sur Paris, il s'était mis à leur poursuite; mais la prompte reddition de la capitale avait trompé son espérance. Cependant il était arrivé à Fontainebleau dans la journée du 30, avec une armée assez nombreuse, dont toute sa garde faisait partie, et s'était porté de sa personne jusqu'à la Cour-de-France, village à quatre lieues de Paris, où il apprit, par le général Belliard, la capitulation de cette ville.

Napoléon, qui avait envoyé à Paris le prince de la Moscowa et les ducs de Vicence et de Tarente pour entamer des négociations, signa, le 11, son abdication.

Par un traité conclu le même jour, les alliés accordaient à Napoléon la souveraineté de l'île d'Elbe, avec le titre d'empereur; les duchés de Parme, Plaisance et Guastalla pour son épouse et pour son fils, et un revenu annuel de six millions pour lui et sa famille.

Napoléon, ayant choisi l'île d'Elbe pour sa résidence, s'occupa des préparatifs de son départ, et fit ses adieux à son armée.

Pendant la traversée de Saint-Raphaël à l'île d'Elbe, le temps fut assez favorable; Napoléon mouilla dans la rade de Porto-Ferrajo, le 3 mai, à six heures du soir.

Dans les premiers mois de 1815, Napoléon conçut le projet de ressaisir le sceptre auquel il avait solennellement renoncé.

Napoléon quitta l'île d'Elbe le 26 février 1815, à cinq heures du soir, sur un brick portant vingt-six canons.

Echappé à la surveillance des Anglais, Napoléon débarqua au golfe Juan, en Provence, le 1er mars 1815, avec une armée d'environ huit à neuf cents hommes, qui se composait des grenadiers et chasseurs de sa garde qui l'avaient suivi à l'île d'Elbe, d'un corps de fantassins, d'un détachement de lanciers polonais, de quelques Corses et habitants de l'île.

Napoléon, n'éprouvant aucun obstacle, vit chaque jour se grossir son armée; enfin, il arriva à Paris le 20 mars, à neuf heures du soir, à la tête des escadrons partis le matin de cette ville pour le combattre.

Louis XVIII et sa famille avaient quitté la capitale dans la matinée du même jour.

Le 16 juin suivant, mémorable bataille de Fleurus, livrée aux alliés ligués une seconde fois contre la France.

Le 18 juin, jour de deuil pour la France, bataille du Mont-Saint-Jean ou Waterloo, où, par suite d'une inconcevable méprise, après des prodiges de valeurs, l'élite de la garde impériale fut massacrée.

Napoléon, qui n'avait pu rencontrer la mort dans cette bataille, revint à Paris dans l'espoir d'y trouver de nouvelles ressources; mais sa présence ne servit qu'à aggraver le mal, en inspirant des craintes aux deux chambres, et en laissant croire au peuple que tout était perdu. Les communications secrètes faites en son nom par son frère Lucien et les ministres furent mal accueillies. Alors, se voyant dans l'impossibilité de pouvoir seul sauver la patrie, et sentant bien qu'il n'y aurait désormais plus d'accord entre les diverses parties du gouvernement, tant qu'il s'obstinerait à rester à sa tête, il prit la résolution d'abdiquer une seconde fois le pouvoir suprême.

Ce fut pour tranquiliser les uns, et pour mettre fin à l'exaltation des autres, que Napoléon, accompagné du général Becker, quitta la Malmaison le 29 juin, à quatre heures du soir, pour se rendre à Rochefort, où deux frégates devaient, par ordre du ministre de la marine, être mises à sa disposition pour le conduire aux Etats-Unis.

Arrivé dans la rade de Torbay, le *Bellérophon* reçut ordre de ne point entrer dans le port. Napoléon fut fait prisonnier ou traité comme tel par les Anglais; il passa sur le *Northumberland*, qui partit pour l'île Sainte-Hélène.

A son arrivée, et à l'instant où il mit pied à terre, la troupe lui présenta les armes. Il salua le gouverneur, auquel il adressa quelques paroles, et fut conduit à l'hôtel du gouvernement.

C'est dans cette île que le triomphateur de vingt rois, le soldat étonnant qui avait rempli l'univers de son nom, et s'était assis sur le premier trône du monde, après six ans de captivité et de souffrances, termina sa carrière sur les débris calcinés d'un volcan éteint.

Les dernières paroles qu'à différents intervalles on lui entendit prononcer, furent : « Mon Dieu !... Mon Fils !... France! »

ARITHMÉTIQUE.

Exemples et principes de chaque règle, au moyen desquels il est facile de se rappeler et même d'apprendre seul à calculer toutes sortes de nombres.

L'arithmétique se pratique par quatre règles, qui sont l'addition, la soustraction, la multiplication et la division. Pour exprimer les nombres, on se sert de dix chiffres, dont le dixième est un 0 appelé *zéro*, qui ne signifie rien quand il est seul.

Le *zéro* augmente la valeur du chiffre qui le précède, un *zéro* par dizaine, deux *zéros* par centaine, trois *zéros* par mille, etc.

1 un, 2 deux, 3 trois, 4 quatre, 5 cinq, 6 six, 7 sept, 8 huit, 9 neuf, 10 dix, 100 cent, 1,000 mille, 1,000,000 million.

TABLEAU DE NUMÉRATION.

Unité................	1
Dizaine...............	21
Centaine.............	321
Mille................	4,221
Dizaine de mille.......	54,321
Centaine de mille......	654,321
Million...............	7,654,321
Dizaine de millions.....	87,654,321
Centaine de millions....	987,654,321

Cette dernière ligne forme neuf cent quatre-vingt-sept millions six cent cinquante-quatre mille trois cent vingt-un.

PRINCIPES DE L'ADDITION.

Pour additionner plusieurs sommes, à l'effet d'en savoir le total, il faut ainsi les disposer : je suppose des sommes de

464 francs 90 centimes, 300 francs, 5,500 francs, 67 francs 24 centimes.

Il faut placer centimes sous centimes, unités sous unités, dizaines sous dizaines, centaines sous centaines, et mille sous mille.

EXEMPLE.

	464 francs	90 centimes.
	300	00
	5,500	00
	67	24
Total...	6,332	14

Après avoir disposé ainsi les sommes, on commence à additionner les centimes, et l'on dit : 4 est 4, je le pose. Ensuite, rétrogradant à la seconde colonne, je dis : 9 et 2 valent 11, je pose 1 et retiens 1 franc que me donnent les centimes. Ensuite 1 de retenu et 4 valent 5, et 7 valent 12 ; à 12 je pose 2 et retiens 1, et 6 valent 7, et 6 valent 13 ; à 13 je pose 3 et retiens 1, et 4 valent 5, et 3 valent 8, et 5 valent 13 ; à 13 je pose 3 et retiens 1, et 5 valent 6 : je les pose, et vois que le montant de mes quatre sommes est de six mille trois cent trente-deux francs quatorze centimes.

Nous avons beaucoup d'arithméticiens qui se sont appris et même perfectionnés dans cette science, sans avoir eu de maîtres. Pour cela il faut se poser des additions de toutes les manières et avoir soin de poser ses chiffres perpendiculairement.

Il ne faut commencer la seconde règle qu'après que l'on sait à fond la première, et ainsi de suite.

PRINCIPES DE LA SOUSTRACTION.

Dette 456 *fr.*
Payé 333
Reste 123 *fr.*

Soustraire, c'est ôter un petit nombre d'un plus grand pour trouver ce qui reste. Pour ce faire, il faut mettre vos deux sommes l'une sur l'autre, la somme due sur celle payée. par exemple, il est dû la somme de 456 fr., sur quoi on a payé celle de 333 francs ; voilà comme il faut les disposer (l'exemple est à côté). Je commence par le dernier chiffre de la colonne qui est 6, et je dis : de 6 paie 3, reste 3 ; je pose 3 sous le 3 payé ; puis, en rétrogradant de droite à gauche, je dis : de 5 paie 3 reste 2, que je pose sous le 3 du milieu ; puis de 4 paie 3 reste 1. Il reste donc à payer 123 fr.

La preuve de la soustraction se fait en ajoutant le reste avec la paie ; la preuve doit être semblable à la somme due.

S'il se trouvait un 5 pour payer un 5, un 6 pour payer un 6, il faudrait soustraire un zéro pour que la paie se trouvât égale à la dette. S'il se trouvait que le chiffre de la dette fût plus faible que celui de la paie, il faudrait emprunter une dizaine sur le chiffre précédent significatif ; s'il se trouvait plusieurs zéros, comme on le voit dans l'exemple suivant, le dernier vaut 10, ceux qui le précèdent ne valent que 9.

EXEMPLE.

Dette 6,000 *f.*
Payé 4,546
―――――――
Reste 1,454
Preuve 6,000 *f.*

Il faut commencer par le dernier zéro, et dire : de rien paye 6 ne peut ; il faut emprunter 1 sur le 6, et mettre un point pour se souvenir de l'emprunt, et dire : de 10 paie 6 reste 4, qu'il faut poser sous le 6, et venir au zéro précédent, dire : de 9 paie 4 reste 5, qu'il faut porter sous le 4, et venir à l'autre zéro, puis dire : de 9 paie 5 reste 4, qu'il faut poser sous le 5. Comme on a emprunté 1 sur le 6, il ne vaut plus que 5 ; il faut dire : de 5 paie 4 reste 1. Reste 1,454 francs.

PRINCIPES DE LA MULTIPLICATION.

Multiplier, c'est trouver un nombre qui contient autant de fois le nombre à multiplier qu'il y a d'unités au multiplicateur. Par cette règle, on trouve par la valeur d'une pièce la valeur de plusieurs. La multiplication contient trois nombre de difféférentes dénominations : le premier se nomme nombre à multiplier ; le second, multiplicateur, et le troisième, produit, qui est le résultat de cette règle.

Exemple où le multiplicateur n'est que d'un chiffre.

68 *mètres*
à 7 *francs.*
―――――――
476 *francs.*

Un tailleur a acheté 68 mètres de drap, à 7 fr. le mètre, et veut savoir combien valent les 68 mètres. Pour cela il faut poser les 68 mètres et le multiplicateur 7 sous le dernier chiffre, et multiplier 68 par 7, disant : 7 fois 8 font 56 ; poser 6 sous le 7 et retenir 5, et dire : 7 fois 6 font 42 et 5 de retenus 47, qu'il faut poser à côté du 6. On trouvera que 68 mètres à 7 francs font 476 francs.

Exemple où le multiplicateur est de deux chiffres.

```
    345 pièces.
à    32 francs.
    ─────────
      690
    1,035
    ─────────
   11,040 francs.
```

On veut savoir combien valent 345 pièces de vin à raison de 32 fr. la pièce. Il faut poser le nombre à multiplier, qui est 345, et poser le multiplicateur 32 dessous, faire une petite barre sous les deux nombres, et multiplier 345 par 32, disant : 2 fois 5 font 10 ; poser 0 sous le 2 et retenir 1, et dire : 2 fois 4 font 8 et 1 fait 9, qu'il faut poser sous le 3, et 2 fois 3 font 6, qu'il faut poser à côté du 9. Le premier produit se monte à 690. Ensuite multiplier 345 par 3, disant : 3 fois 5 font 15, poser le 5 sous le 9 et retenir 1 ; dire : 3 fois 4 font 12 et 1 fait 13, poser 3 sous le 6 et retenir 1 ; ensuite 3 fois 3 font 9 et 1 de retenu fait 10 ; il faut porter 0 et avancer 1 ; puis faire l'addition des deux produits ; on trouvera 11,040 fr. pour la valeur de 345 pièces de vin, à raison de 32 fr., comme on le voit ci-dessus.

PRINCIPES DE LA DIVISION.

La division est composée de trois nombres : le nombre à diviser, le diviseur, et le quotient ou le produit. Je suppose 45 personnes qui ont 315 fr. à partager ; on veut savoir ce qui revient à chacune. Pour cela faire, je pose le nombre à diviser, qui est 315, au bout duquel je tire une petite barre sur laquelle je pose le diviseur qui est 45. Ayant placé le nombre à diviser et le diviseur à leur place, je dis : en 31 combien de fois 4, il y est 7, que je pose au quotient, par lequel je multiplie le diviseur, disant : 7 fois 5 font 35 ; je dis : de 35 quitte ; je pose 0 sous le dernier chiffre du nombre à diviser ; je retiens 3, et puis je dis : 7 fois 4 font 28, et 3 font 31 ; de 31 que je trouve au nombre à diviser, quitte.

EXEMPLE.

Nombre à diviser. *Diviseur.*

315	45
00	7

Second exemple de la division où le diviseur est de plusieurs chiffres.

Ayant posé le nombre à diviser selon l'ordre de la division, je dis : en 12 combien de fois 3? il y est quatre ; mais il ne peut y entrer que 3 que je pose au quotient, disant : 3 fois 6 font 18 ; et venant ensuite au nombre à diviser, dont le quatrième chiffre est 0, je prends sur le 8 et dis : de 20 ôte 18, que je pose sous le 0. Il faut observer qu'il faut retenir 2, qui est la même valeur que vous prenez sur le 8 ; il faut considérer aussi combien il y a de chiffres au diviseur ; s'il y en a trois ; il faut pointer le troisième chiffre du nombre à diviser, mais la somme 3 ne peut se prendre dans 1 ; il faut pointer le quatrième, sous lequel il faut poser le nombre qui reste. Ayant donc posé 2 sous le 0, et retenu 3, je dis : 3 fois 4 font 12, et 2 de retenus font 14 ; de 18 reste 4 qui se pose sous le 8, et retiens 1 ; et en continuant, je dis : 3 fois 3 font 9, et 1 de retenu font 10 ; de 12 reste 2 que je pose sous le 2. Il reste 2,422 à diviser ; je fais descendre 2 qui est le dernier chiffre du nombre à diviser, et je dis : en 24 combien de fois? 3 il y est 8 fois ; mais il ne peut y entrer que 7 que je pose au quotient, par lequel je multiplie encore le diviseur ; je dis : 7 fois 6 font 42, de 42 quitte ; je pose 0 sous le 2 et retiens 4 ; et puis je dis : 7 fois 4 font 28, et 4 de retenus font 32, de 32 quitte ; je pose 0 et retiens 3 ; 3 fois 7 font 21, et 3 font 24, de 24 quitte. Ainsi 12,802 francs divisés par 346 font 37 fr. juste.

EXEMPLE.

12,802 fr.	346 fr.
2,422	37
000	

RÈGLE DE COMPAGNIE.

Cette règle se pratique ordinairement entre banquiers, financiers et marchands, pour donner à chacun des associés ce qui lui appartient, à raison du profit fait en société. On a fait profit de 408 fr.; on veut savoir ce qui revient à chacun, à raison de sa mise. Pour cela il faut faire addition des sommes mises, et par la règle de trois, dire :

Si 1,632 fr. ont gagné 408 fr., combien gagneront 624 fr. ?

Le 1er	624 fr.	408		
Le 2e	552	624	254592	1,632 fr.
Le 3e	456	―――	913	156
―――		1,632	979	
	1,632	8,16	000	
		244,8		
		―――		
		254,592		

Pour connaître le bénéfice de la première mise, je multiplierai 408 par 624, ce qui me donne 254,592 ; et je divise ensuite cette somme par 1,632, je trouve que la part qui revient du bénéfice de 408, pour la mise de 624, est de 157.

Le calcul pour les autres mises se fait de la même manière.

Observation. Ce n'est qu'en copiant les principes de chaque règle, en les apprenant par cœur, et en se posant assez de questions sur chacune d'elles, qu'on réussira.

MODÈLES D'ACTES.

BILLET AU PORTEUR.

Je paierai au porteur la somme de   valeur reçue
comptant (ou en marchandises), *de M.*
marchand   rue   n°
    Fait à Nantes, le 15 janvier 1845.

―――――――――――――
B. P. F.   GERVAIS, à Rouen, rue   n°

BILLET SOLIDAIRE.

Nous paierons solidairement, ma femme et moi, la somme de   au 1er juin prochain, valeur reçue comptant du sieur Benoît.
A Nimes, le 4 décembre 1844.
                    MALHERBE, femme MALHERBE.

BILLET A ORDRE.

Au trente septembre prochain, je paierai à l'ordre de M.   négociant à Paris, rue Saint-Denis, n° 46, la somme de cinq cents francs, valeur reçue en marchandises (en espèces ou de toute autre manière), dudit sieur.
Fait à Orléans, le 9 décembre 1842.   **BELAMY.**

Bon pour 500 francs

LETTRE DE CHANGE A VUE.

A Marseille, le 22 janvier 1844.   B. P. F. 750

A vue, il vous plaira de payer, par cette seule lettre de change, à l'ordre de M. Jardin, la somme de sept cent cinquante francs, que vous passerez au compte de   suivant l'avis de
Votre serviteur, AMELOT, rue de   n°
A Monsieur LALOGE, négociant à Paris, rue du Mail, n° 68.

NOTA. — Ces sortes de lettres doivent être payées en les présentant; faute de paiement, il faut faire protester par un huissier.

QUITTANCE.

Je reconnais, moi Joséphine Alin, femme de Pierre Baudoin, avoir reçu du sieur Grandin la somme de trois cent vingt francs, pour une année du loyer d'une maison qu'il tient de nous, située à Reims, rue Neuve, sous le n° 55, dont l'échéance a eu lieu le 24 juin 1846, et déclare avoir reçu ladite somme en l'absence de mon mari, en vertu de son pouvoir verbal pour absence, sur quoi ledit sieur Grandin est valablement quitte, sans préjudice du courant.

Marie-Joséphine ALIN, femme BAUDOIN.

LETTRE DE VOITURE.

Paris, le   184

A la garde de Dieu et conduite de voiturier, je vous envoie six ballots marqués N. IV. comme en marge, pesant   que vous recevrez dans tant de jours ; vous en paierez la voiture à raison de

du cent pesant ; faute de livraison dans le délai ci-dessus, vous diminuerez le tiers du prix de sa voiture.

(Signature.)

LE CABINET D'ÉLOQUENCE.
Instruction sur le Style épistolaire.

1° Ecrivez sans affectation et comme si vous parliez dans un entretien particulier ; étudiez-vous pour avoir un style court et net, vous énonçant d'une manière simple, naïve et familière, quoique respectueuse, et dont le style puisse s'accommoder aux sujets et aux personnes, tâchant de tirer de leurs lettres même le sujet de celles que vous auriez à écrire.

2º Si, étant de médiocre condition, vous écriviez à des personnes de haute qualité, laissez en blanc la moitié de la première page de la lettre, entre le mot *Monseigneur*, si vous écriviez à un évêque, à un ministre, etc. *Monsieur* ou *Madame*, et la première ligne : ce que vous observerez à proportion, à l'égard d'autres personnes, selon qu'elles seraient plus ou moins élevées au-dessus de vous. Dans le corps de votre lettre, au lieu du pronom *vous*, répétez quelquefois, mais à propos, *Monseigneur*, ou *Monsieur*, ou *Madame*, suivant la qualité. Vous pouvez terminer ainsi : *Je suis avec un très profond respect, ou le plus respectueux attachement, Monsieur*, et au bas de la lettre, à gauche de la souscription, la date du lieu, du mois et de l'année ; mettre la lettre sous enveloppe et la cacheter, et écrire correctement l'adresse.

3º Ce serait manquer au respect dû aux personnes supérieures, que de les charger de commissions ou de les prier de faire nos recommandations à d'autres.

4º Dans les lettres à un parent ou à un ami, on agira avec moins de cérémonial ; tout y doit partir du cœur, sans cependant blesser la modestie ; et l'on peut cacheter avec un pain à cacheter et sans enveloppe.

5º Les lettres d'affaires de commerce exigent la précision, la clarté, la probité et la connaissance des matières sur lesquelles on écrit ; il est très prudent d'en garder copie avant de les envoyer.

MANIÈRE DE DRESSER UNE PÉTITION.

Lorsque l'on parle et que l'on présente une pétition, soit à un grand dignitaire de l'État, soit à un ministre, à un préfet, ou à toutes personnes composant les autorités constituées du premier ordre, on doit employer la qualification qui leur est affectée ; par exemple : à un prince français ou à une princesse, le titre d'Altesse Royale ; aux grands dignitaires du royaume, celui d'Altesse Sérénissime ; on donne aussi la qualification de

Monseigneur aux princes et aux grands dignitaires ; aux ministres le titre d'Excellence ; aux fonctionnaires des départements, Monsieur. Lorsque l'on parle ou que l'on écrit à un maréchal de France, on le nomme Monseigneur. Toute pétition doit être faite sur papier timbré, le papier doit avoir une largeur suffisante pour que le timbre soit éloigné du texte de la pétition ; laisser au moins trois doigts de marge au bas et faire en sorte qu'on ne soit pas obligé de retourner la page. Il en est de même des lettres que l'on écrit à une personne d'un grade supérieur.

MODÈLE DE LETTRE.

LETTRE A UN MAIRE,

Pour avoir des renseignements quelconques, comme actes de naissance, de mariage ou de mort.

Rouen, le 22 novembre 1847.

Adolphe GUILLEMAIN,

A Monsieur le Maire de la commune de......., etc.

Monsieur,

*J'ai l'honneur de me rappeler à votre souvenir ; étant fils de ....., originaire de votre commune, je viens vous prier de m'envoyer un extrait de mon acte de naissance qui se trouve dans les registres de 1808 ; l'extrait de l'acte de décès de mon père, décédé en 1822 ; celui de ma mère, décédée en 1828. Je joins à ma demande un mandat sur la poste de 10 fr., pour timbre et frais de ces expéditions. Dans le cas où cette somme ne serait pas suffisante, je vous prie de me le faire savoir : j'y ajouterai par le même courrier. Je vous informe que je me marie au Havre, et je vous prie de faire les publications de mon mariage avec Mlle ***. Vous trouverez ci-inclus l'extrait de la publication faite ici et contenant ses noms, prénoms, âge, le nom et le consentement de ses parents.*

J'ai l'honneur d'être, Monsieur, votre respectueux serviteur.